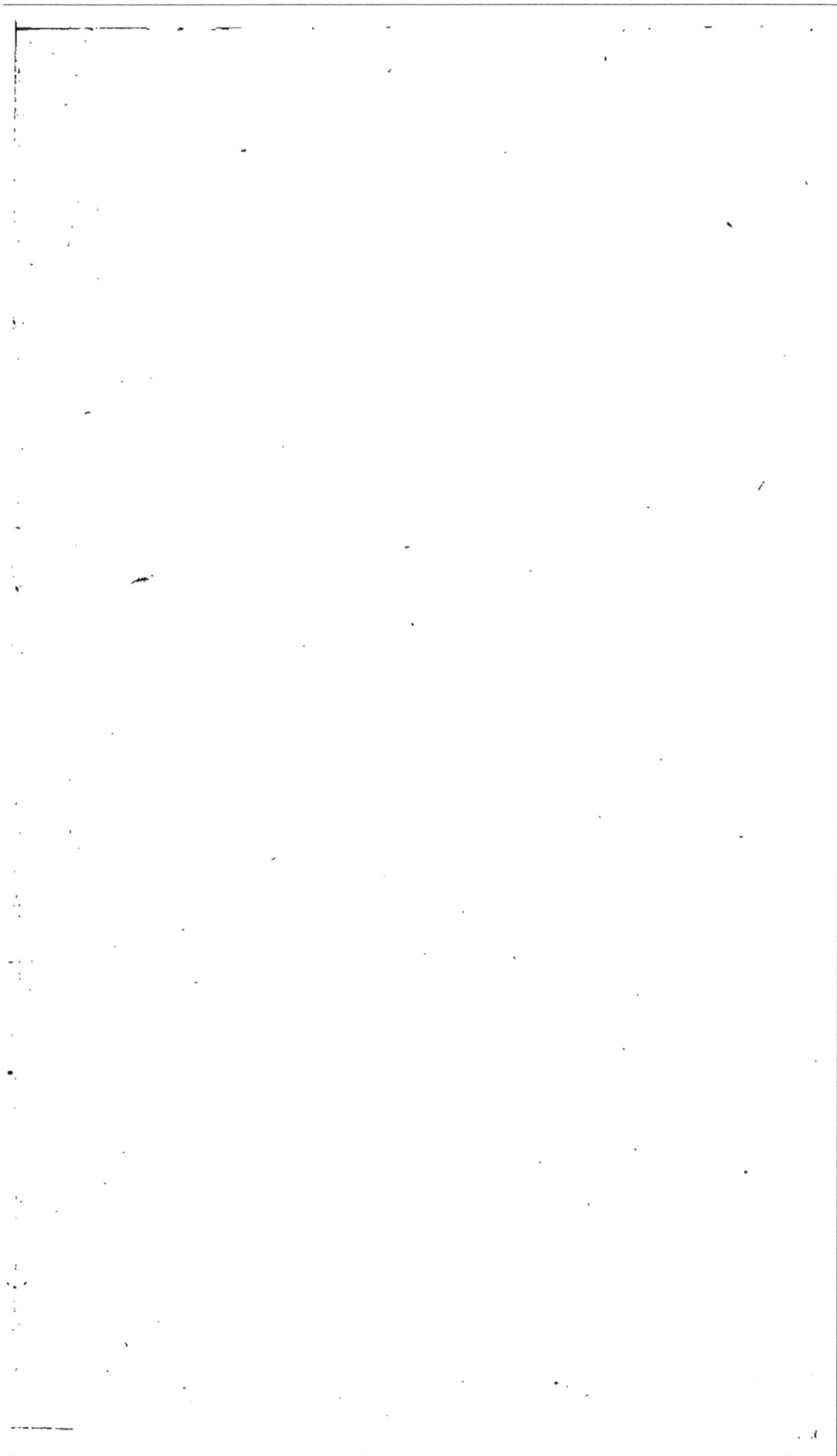

Lk 198.

VISITE

A LA

CATHÉDRALE D'AMIENS

NOUVELLE ÉDITION

ENTIÈREMENT REFONDUE

ET RÉDIGÉE

D'APRÈS LES RENSEIGNEMENTS LES PLUS AUTHENTHIQUES

Par un Membre de la Société des Antiquaires
de Picardie.

L.-H.

AMIENS,

CHEZ LENOEL-HEROUART, IMPRIMEUR-LIBRAIRE,

RUE DES RABUISSONS, 10.

LiK 198

La Cathédrale — Vue Prise du Pont Dujon

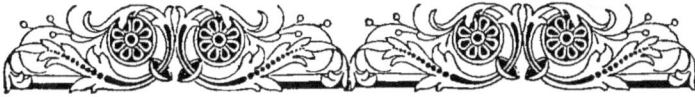

VISITE

A LA

CATHÉDRALE D'AMIENS.

Construction et réparations.

Une inscription en lettres gothiques qui couvre la plinthe de la galerie du premier étage du portail (sud) de la Vierge dorée, ou plutôt de saint Honoré, donne la date de la pose de la première pierre du temple magnifique que nous entreprenons de faire connaître aux étrangers. Voici ce qu'il a été possible de lire de cette inscription dont une partie a été rongée par le temps, mais qui nous laisse encore la date (1220), et le nom de l'architecte, Robert de Luzarches.

† En l'an q̄ l'Incarnatiō valait mcc et xx. Ro....rs, ifu: rimist: le première pierre: iasis,.... le cors.... Robert..

En comparant ces données avec l'inscription de la pierre centrale du labyrinthe qui existait autrefois sur le pavé de la nef, nous voyons que ce fut sous l'épiscopat d'Evrard de Fouilloy, 45ᵉ Evêque d'Amiens, et sous la direction de Robert de Luzarches, que furent jetés les fondements de cette Cathédrale. A la mort de l'évêque Evrard (1223), l'édifice fut continué par Geoffroy II, son successeur qui fit élever les murs du pavé jusqu'aux voûtes. Arnoult, 47ᵉ évêque, ajouta les galeries et les clochers ainsi que l'indiquent les ornements de son tombeau placé vis-à-vis de la chapelle paroissiale de la Cathédrale, appelée autrefois *chapelle de Primes*. Après Arnoult, Bernard d'Abbeville et enfin Guillaume de Mâcon, aidés des libéralités de saint Louis, de Blanche de Castille, son épouse, de Philippe-le-Hardi, de Jeanne de Ponthieu, du corps-de-ville d'Amiens et du sire de Moreuil, terminèrent en 1288, cette admirable église, sauf les tours qui flanquent le portail. Robert de Luzarches, 1ᵉʳ *maître de l'ouvrage* fut remplacé par Thomas de Cormont, et Régnault de Cormont, son fils, dans la conduite des travaux. Le haut des tours ne fut construit que vers l'an 1390, sous l'épiscopat du cardinal d'Amiens, Jean de Lagrange, par Pierre Largent, maître des ouvrages de l'église d'Amiens.

Dans le XVᵉ siècle, d'importantes réparations furent faites à cette église, au moyen d'une bulle par laquelle le pape Eugène IV, accorda cent jours d'indulgence aux fidèles qui lui donneraient de leurs biens ou qui travailleraient de leurs mains à sa restauration. On voit, par cette même bulle, qu'alors la Cathédrale d'Amiens passait pour *l'une des plus célèbres et des plus fameuses églises de France* (1), *et que l'on tenait beaucoup à sa conservation.* Dans le XVIe siècle on songea à prévenir l'écartement des gros piliers de la croisée, vers le chœur, et l'on y plaça, à cette fin, des tirants et des chaînes en fer qui nécessitèrent de grandes dépenses au clergé d'Amiens. On eut, de plus, à la même époque, à réparer le clocher : la foudre l'avait détruit en 1528; il fut, l'année suivante, remplacé par la flèche actuelle. Cet élégant ouvrage fut exécuté avec les dons d'un ecclésiastique riche et généreux, le chanoine Adrien de Hénencourt, de François Ier, et de Louise de Savoie, duchesse d'Angoulême, sa mère. En 1620, on fit aux arcs boutants des transsepts divers changements qui ne furent pas heureux. Vers 1707, on restaura le couronnement en pierres des deux tours et l'on fit, en 1777 et 1778, *quantité de réfections aux galeries du haut, aux voûtes du grand comble et aux cordons de ces voûtes* (2). Enfin, l'année suivante, on renouvela la couverture (3) de cette magnifique basilique.

Pendant la révolution, la Cathédrale échappa à la destruction par les soins d'un homme dont on n'a pas fait assez l'éloge. Le citoyen Lecouvé, maire de

---

(1) *Celebris et Famosa.*

(2) *Comptes de 1777 à 1778,* archives du département.

(3) *Comptes de 1779,* archives du département.

la commune, réussit par toutes sortes de moyens à sauver la Cathédrale, contre les prétentions vandales des différents pouvoirs révolutionnaires ; mais le monument souffrit beaucoup de n'avoir pas été entretenu. A la réouverture des églises, on s'aperçut du danger que la main du temps lui faisait courir, et le clergé, le département et le gouvernement firent tous les sacrifices nécessaires pour en conjurer la ruine. Des architectes habiles réparèrent autant qu'il fut en eux les places les plus compromises. Ils ne firent de neuf qu'autant que les pierres rongées par l'intempérie des saisons, ne permettant pas de remplacer une pierre par une pierre de même forme.

Aujourd'hui (1853) des travaux de consolidation s'exécutent. On ne s'en tient pas à réparer ; le sommet des tours est refait à neuf sur des plans tout-à-fait nouveaux. Une grille en fer forgé, disposée *en zigzag*, entoure l'édifice sur les places occupées par la cour du *Puits de l'OEuvre*. La chapelle des Machabées est convertie en sacristie ; une nouvelle chapelle pour les catéchismes vient d'être construite dans la cour de l'Evêché. L'importance de la somme qu'elle a coûtée, (plus de 100,000 fr.) dit sa valeur. A côté a été accolé un couloir en forme de cloître qui la fait communiquer à la Cathédrale. Enfin le gouvernement montre une sollicitude *sans égale*, pour la consolidation et l'embellissement de ce grandiose édifice. La ville d'Amiens a voulu contribuer pour une somme de 45,000 fr. au dégagement de la Ca-

VUE DU PORTAIL

thédrale, en achetant un pâtis de maison à côté de la place St.-Michel. De cet endroit on peut jouir du magnifique aspect que présente le rond-point du chœur.

Grand Portail.

Ce n'est qu'à l'aide de la science de la Bible, de la Théologie et de la vie des Saints, qu'il est possible d'expliquer les travaux exécutés sur les monuments religieux du XIIIe siècle, et surtout sur l'admirable portail de la Cathédrale d'Amiens, qui ne le cède à aucun autre soit pour l'ensemble de son ornementation, soit pour l'unité de son plan qui renferme toute l'Histoire Sainte. Ce portail est formé de trois porches en ogive, dont toutes les parois et les voussures sont peuplées d'une multitude de statues d'un style sévère, et d'un grand nombre de bas-reliefs.

Au-dessus des porches, règnent deux galeries dont la supérieure offre les statues colossales des rois. Au-dessus de ces géants, viennent, de chaque côté, des auvents qui encadrent la magnifique rose centrale. Puis une galerie supérieure qui relie les deux tours inégales du monument.

Au-dessus se trouve une plate forme à laquelle on a donné le nom de *Salle des Musiciens* : la galerie qui la protège est un ouvrage moderne, et en remplace un autre d'un style plus sévère qui datait de la fin des travaux du portail. Cette salle des

musiciens a reçu son nom des joueurs d'instruments qui sont dans les encoignures de la tour du sud. Nous aimons à y faire remarquer au visiteur une gargouille fort originale, reproduisant avec bonheur la figure et la canne d'un amateur zélé, condamné aujourd'hui à rejeter les eaux pluviales, après avoir versé des flots d'encre pour et contre toutes les réparations exécutées au monument.

La partie inférieure du grand portail présente les caractères du style du XIIIe siècle, la partie intermédiaire est du XIVe siècle et le sommet a toutes les marques du XVe siècle. L'histoire nous dit que les tours ne furent achevées qu'en 1401.

Portail central (1).

Le porche central a reçu le nom de *Porche du Sauveur*. En effet, sur le trumeau qui sépare les deux portes dont il reçoit les vantaux, se présente la statue colossale (2 mètres 50 cent.) du Sauveur du monde, bénissant de la droite et tenant sur le cœur l'Evangile. Il a les pieds portés sur le lion et le dragon, au-dessous desquels, mais sur les deux autres faces du trumeau, on trouve l'aspic et le basilic; sous le Sauveur, est le roi Salomon tenant

---

(1) Nous puisons tous les détails iconographiques dans les savantes explications qu'en ont données MM. les chanoines Duval et Jourdain, qui, les premiers, ont compris la statuaire de notre Cathédrale et justifié leurs *découvertes*. (*Voyez les mémoires de la société des Antiquaires de Picardie, passim*).

le sceptre d'un main et un lambel de l'autre. A droite et à gauche de la porte sont les *Vierges folles* et les *Vierges sages*. A la hauteur du Sauveur à sa droite et à sa gauche viennent les statues collossales des Apôtres. A droite du Sauveur, St. Paul, St. Jacques le Mineur, St. Philippe, St. Barthélemi, St. Thomas et St. Jude ; à sa gauche, St. Pierre, St. André, St. Jacques le Majeur, St. Jean, St. Matthieu, St. Simon. Les statues ornées chacune de leurs caractères iconographiques sont supportées sur des socles où sont représentés différents sujets qui ont rapport à la vie de ces Saints.

Les *vertus* et les *vices* que les Apôtres ont fait connaître, sont sculptés dans le soubassement, sur vingt-quatre médaillons en bas-relief. Quelques légères déviations dans la pose des pierres indiquent qu'ils ont été éxécutés avant leur mise en place. Les 12 tableaux supérieurs représentent les vertus ; les inférieurs, les vices, chacun dans un *Quadrifolium* de 80 centimètres de largeur. A gauche du visiteur: 1° la foi, au-dessous l'idolâtrie; 2° l'espérance, le suicide; 3° la charité, l'avarice avec son coffre-fort; 4° la justice, l'injustice; 5° la prudence, la folie qui ronge une pierre; 6° La simplicité avec sa colombe, et l'orgueil qui est abattu de sa monture. A droite : 7° la force, vêtue de sa cotte de mailles, la peur, qui laisse échapper son épée et qui s'enfuit; 8° la patience, qui porte un écusson où est représenté le bœuf, au-dessous la

1*

colère, un homme du peuple qui soufflette une femme armée d'une massue ; 9° la douceur avec son agneau ; la méchanceté, qui repousse du pied un personnage offrant une coupe, le genou fléchi ; 10° la paix ; la discorde, deux époux qui se battent ; 11° l'obéissance, avec le chameau sur les écussons ; la désobéissance, un évêque insulté par un laïc ; 12° la persévérance couronnée ; l'apostasie, un homme qui abandonne son église.

L'importance que les quatre grands Prophètes ont toujours eue, leur a fait donner place dans le porche central à côté des Apôtres. Auprès de St. Simon, on voit : a droite ; 1° Isaïe. Les deux médaillons, qui sont au-dessous de la statue colossale du Prophète, donnent le premier, la vision du Seigneur, sur un trône, entouré de Séraphins, le second, un ange qui purifie les lèvres du prophète avec un charbon ; 2° Jérémie. Au premier médaillon, on voit le prophète, qui, sur l'ordre de Dieu, va enterrer sa ceinture. Au deuxième, il est assis, ayant au cou la chaîne dont Hananias tient le bout.

A gauche, et près de St. Jude, est la statue colossale d'Ezéchiel. Le premier médaillon représente la roue mystérieuse : le second, Dieu devant Jérusalem. Ensuite vient Daniel, on le voit, 1° dans la fosse aux lions, 2° plus bas au festin de Balthasar.

Les douze petits Prophètes sont placés trois par trois sur les quatre éperons qui enceignent les trois porches ; les principaux faits consignés dans leur livre sont reproduits dans les médaillons du soubassement, immédiatement au-dessous de leur statue colossale. On a longtemps discuté la valeur et le sujet de ces médaillons; les uns y ont vu les différents états exercés au 13e siècle, d'autres ont voulu y reconnaître des cultes de différentes divinités; nous ne les décrivons pas; c'est la Bible à la main qu'il faut les lire. On peut s'en assurer du reste en voyant sous la cinquième statue, Jonas rejeté par le poisson. Sous le prophète Michée, à côté de Jonas, on voit un atelier de forgeron : c'est la traduction du texte de ce prophète qui, peignant la paix du règne du Messie, dit que les lances et les glaives seront convertis en socs de charrues.

Dans le tympan, les scènes du jugement dernier se divisent en plusieurs étages, où l'on voit la Résurrection, au bruit de la trompette des Anges, debout aux quatre coins du monde; le pèsement des âmes, la séparation des bons d'avec les méchants qui sont nus. A gauche l'enfer sous la forme d'un monstre, qui ouvre une gueule énorme où tombent les réprouvés. A droite le sein d'Abraham qui reçoit les élus, l'entrée au paradis. A l'angle supérieur de l'ogive, Jésus-Christ sur les nuées, entouré des Anges, des Saints, des astres; un double glaive sort de sa bouche; sa tête est ornée d'un nimbe avec une croix. Des traces de peintures qui restent, annoncent que cette partie du porche a été richement décorée.

Le ciel est représenté dans les huit cordons de la

voussure. Le 1er cordon se compose d'Anges aux mains jointes, le 2e d'Anges qui portent les âmes, le 3e de Martyrs, le 4e de Confesseurs, le 5e de saintes Femmes, le 6e des Vieillards de l'Apocalypse, avec des instruments de musique, le 7e des ancêtres de Jésus-Christ, le 8e des Patriarches. La première ligne à gauche du visiteur montre les âmes conduites et reçues au Paradis par les Anges : à sa droite, les supplices des damnés d'après l'Apocalypse.

Portail de la Mère de Dieu.

A droite de la porte centrale, est le porche de la Mère de Dieu. Le trumeau central (car les deux portails latéraux ont deux vantaux, ce qui n'existe pas à Rheims,) porte la statue de la *Vierge-mère.* Sur le trumeau, six sujets : 1° Dieu créant Eve du côté d'Adam ; 2° Eve donnant à Adam le fruit défendu ; 3° Eve filant, Adam bêchant la terre. A côté : 1° Dieu tenant Adam par la main et l'instruisant; 2e Dieu avec Adam et Eve; 3° nos premiers parents chassés du paradis. Sur la ligne des parois rentrantes, se groupent les personnages de l'Ancien Testament qui ont rapport à Marie : ce sont, à droite; les trois statues colossales des Rois Mages, avec les médaillons au nombre de six, qui reproduisent l'histoire de leur voyage; 4° Hérode; au-dessous, le massacre des Innocents; 5° Salomon; au premier médaillon, il est assis sur son trône; au second, il fait sa prière devant le temple ; 6° la reine de Saba ; 1er médaillon, festin de Salomon, 2e médaillon, Salomon montre à la reine de Saba le temple, le trône et le festin.

A gauche de la statue de la Mère de Dieu et sur la même ligne : 1° l'Ange de l'Annonciation. 1er médaillon, la pierre de la montagne avec Daniel. 2e médaillon, Moïse au buisson ardent ; 2° la Sainte Vierge qui écoute l'Ange : 1er médaillon, Toison de Gédéon ; 2e la Verge d'Aaron ; 3° la Sainte Vierge de la Visitation ; 4° Ste. Elisabeth. Les médaillons au-dessous de la Sainte Vierge et de Ste. Elisabeth, offrent les différents traits qui accompagnèrent la naissance de St. Jean-Baptiste ; 5° la Vierge de la Présentation ; 6° Siméon qui reçoit l'Enfant Jésus dans ses bras. Dans les médaillons au-dessous, on remarque la fuite en Egypte, où St. Joseph avec ses provisions conduit l'âne qui porte l'Enfant et sa Mère, Jésus devant les docteurs, les idoles renversées, et le retour à Nazareth.

Le tympan est rempli par six prophètes au premier étage : le reste déroule la mort, la résurrection, et le couronnement de la Reine du ciel.

Portail de Saint Firmin, Martyr.

A gauche du porche central est le portail de St. Firmin, martyr, premier évêque d'Amiens. Le trumeau qui sépare les deux battants de la porte, représente St. Firmin. Quatre sujets sont sculptés en médaillons au-dessous de la statue. En haut à droite, l'Invention des reliques, la Translation du corps du saint martyr, à gauche l'évêque St. Salve appelé par un clerc à la découverte des reliques, au-dessous le baptême de la fille de Faustinien.

Sur les parois latérales, viennent les principaux Saints du Diocèse; à droite : 1º St. Firmin, confesseur, 2ᵉ évêque d'Amiens ; 2º St. Domice, chanoine ; 3º St. Honoré, 8ᵉ évêque; 4º St. Salve, 4ᵉ évêque ; 5º St. Quentin, martyr ; 6º St. Gentien. A gauche : 1º St. Geoffroy, 38ᵉ évêque d'Amiens ; 2º un Ange ; 3º St. Fuscien, martyr ; 4º St. Victorice, martyr ; 5º un Ange; 6º Ste. Ulphe, vierge. Le soubassement se divise en vingt-quatre médaillons, composant un zodiaque complet avec les travaux des différentes saisons au-dessous de chaque signe.

Le tympan est rempli par l'Invention des reliques de St. Firmin, la procession qui en est la suite, et la main de Dieu qui bénit accompagné d'Anges.

Portail septentrional.

La façade septentrionale, du côté de l'évêché, n'offre pas la même richesse, quoique de la même époque. Les contreforts sont généralement lisses et dépourvus de statues. Pourtant il y reste encore un St. Honoré, probablement rapporté du portail méridional, où il fut remplacé par la Vierge dorée.

A sa base on voit à peine l'Annonciation, la Visitation et la Naissance de Notre Seigneur.

Portail méridional.

Le transept méridional de la cathédrale est terminé par une façade qui le dispute presque en richesse avec le grand portail. Une statue de la Ste.-Vierge, d'une élégante beauté, lui a fait donner le nom de *Portail de la Vierge dorée;* mais le véritable nom qu'il doit avoir est celui de *Portail de St. Honoré,* puisque c'est l'histoire du saint évêque d'Amiens qu'il représente. Au-dessous de la statue centrale à la base du trumeau, on voit St. Honoré au milieu d'un cortège d'acolytes, dans des niches, de droite et de gauche. Sur les parois latérales, à droite un ange avec un encensoir; St. Riquier et ses deux saints compagnons; à gauche, un second ange thuriféraire; St. Lupicin et ses deux compagnons. Le tympan est partagé en cinq étages; le premier nous montre douze personnages, dont l'un semble instruire les autres. Serait-ce l'apostolat de St. Honoré? Le second étage est partagé en deux scènes; la première où St. Honoré assis à l'angle gauche, tenant un livre, les regards tournés vers un nombreux cortège, reçoit du ciel l'onction épiscopale; la deuxième où St. Lupicin en découvrant les reliques des SS. Fuscien, Victoric et Gentien, fait entendre ses chants de joie à St. Honoré qui, à l'autel, détourne la tête pour écouter les antiennes du saint prêtre, miraculeusement apportées

par les airs du village de Sains jusqu'à Amiens.
Le troisième étage représente St. Honoré à
l'autel ; au-dessus de lui paraît une main qui
consacre la sainte hostie, ou plutôt qui commu-
nie le saint évêque accompagné de ses ministres.
Un second miracle du saint qui guérit les aveu-
gles, occupe le reste de l'étage. Le quatrième étage
est rempli par une procession avec les reliques
dans une chasse, au-dessous de laquelle on voit
trois estropiés ; suit une troupe de fidèles. Au
sommet du tympan se voit le crucifix miracu-
leux, qui salue le corps de St. Honoré au passage de la procession, crucifix existant encore,
dit-on, dans la chapelle de la Cathédrale, connue
sous le nom de St. Sauve. A droite de la croix est
la Sainte Vierge, à gauche Saint Jean, et dans les
angles, des Anges qui encensent.

Quatre cordons partagent la voussure. Le premier
cordon à droite et à gauche renferme douze anges;
les uns avec des couronnes à la main, les autres
avec des encensoirs. Le second cordon, à gauche
du visiteur, porte : 1° Adam qui bêche la terre;
2° Noé qui construit l'arche; 3° Melchisédech qui
offre le sacrifice; 4° Abraham qui va immoler son
fils; 5° Isaac bénissant Jacob; 6° Jacob qui, les bras
croisés, bénit Ephraïm et Manassés; 7° Job, vu assis
sur la même ligne que Jacob, mais de l'autre côté
de l'ogive; 8° Moïse, avec les tables de la loi
montre le serpent d'airain ; 9° Aaron en habits sacerdotaux, la verge à la main; 10° David

sacré par Samuel; 11° Jugement de Salomon; 12° Judith tenant la tête d'Holopherne; 13° Judas Machabée; 14° St. Jean-Baptiste, avec un agneau sur un écu. Le troisième cordon nous offre la suite des Prophètes au nombre de seize. Le Nouveau Testament est reproduit sur le dernier cordon, par l'Eglise; au sommet, les Apôtres, les Evangélistes et quelques saintes Femmes, aussi au nombre de seize.

Au-dessus règne une plinthe, sur laquelle se lit l'inscription que nous avons donnée, page 3 ; vient ensuite une deuxième galerie au-dessus de laquelle est placée une rose centrale, dont la bordure porte dix-sept personnages, montant et descendant, formant la ROUE, image de la vie humaine et de la Providence. Les meneaux de la roue accusent le XVe siècle. Le pignon qui offre des niches vides pour la plupart, est accompagné de deux campanilles pyramidales à crochets.

Tout le pourtour de l'édifice est environné d'arcs-boutants à jour qui soutiennent les voûtes; ceux qui ceignent la nef, sont d'un style sévère en comparaison de l'ornementation formée de meneaux qui simulent des fenêtres, accompagnant ceux du pourtour du chœur. Serait-ce que la partie la plus noble de l'édifice aurait dû recevoir une plus riche décoration, ou bien serait-ce que le chœur construit en dernier lieu, aurait déjà subi les embellissements *prétendus* qui ne firent que augmenter dans le style ogival, jusqu'à l'époque

de *la Renaissance* ? Toujours est-il que du haut des galeries en pierre, qui permettent de circuler autour du monument, on croit voir une forêt de clochetons, qui s'élancent ornés et garnis de toutes sortes de feuillages de pierre.

Flèche.

Le clocher qui s'élève au centre de la croisée est un charmant ouvrage en bois, recouvert de plomb dans toutes ses parties. Commencé en 1529, il fut achevé le 22 mai 1533, sur les plans d'un charpentier de Cottenchy, appelé Simon Tanneau. Son immense charpente est supportée sur *quatre* poutres posées sur les piliers de la croisée ; elle est si bien assemblée et fixée à fleur sans chevilles dans les mortaises du pivot du milieu, surtout par le haut, qu'elle fait le désespoir des architectes et l'admiration des connaisseurs. Il a 65 mètres 36 centimètres de hauteur et 23 mètres 39 centimètres de circonférence à sa base; il était dans l'origine entièrement doré. La croix, vue d'en bas, paraît être une colonne énorme de fer ; ce n'est, en réalité, qu'un faisceau de petites baguettes artistement et délicatement assemblées. Du pavé de la Cathédrale jusqu'au coq qui surmonte la flèche, on trouve 113 mètres 70 centimètres de hauteur.

Intérieur.

Le jet hardi des voûtes maîtresses, l'élégante légèreté des piliers qui s'élèvent audacieusement
jusqu'aux voûtes, l'unité de style et d'élégance, la
variété des aspects, la perfection dans l'ensemble
et dans les détails, l'immensité du vaisseau rem-

plissent l'âme d'admiration quand on entre dans cette magnifique basilique. Un proverbe souvent répété, qu'il faut pour faire une cathédrale parfaite, le portail de Rheims, la nef d'Amiens, le chœur de Beauvais et le clocher de Chartres, s'oublie devant ce chef-d'œuvre, qui permet à la ville d'Amiens de ne rien envier à d'autres chefs-d'œuvre. C'est l'expression lapidaire de la prière qui monte et s'élance vers le ciel.

Le plan de cette reine des cathédrales, est une croix latine d'une longueur dans œuvre de 154 mètres 80 centimètres. Les voûtes sont jetées à 42 mètres 88 centimètres de hauteur. Les arcades sont surmontées dans tout le pourtour intérieur de l'édifice, d'une galerie-tribune prise dans l'épaisseur des murs et soutenues par d'élégantes colonnes, qui portent des trèfles évidés, des quatre-feuilles. Au-dessus règnent les fenêtres partagées le plus souvent en deux ogives, au-dessus desquels se place une rosace à six feuilles, encadrée dans un cercle. Le nu des murailles a disparu tout-à-fait.

Roses.

A chacun des pignons qui forment les façades, on admire trois grandes rosaces de 55 mètres environ de circonférence. Celle du grand portail est du style flamboyant du XVᵉ siècle. Le transept sud a les formes contournées du XIV siècle. Celle du nord évidemment la plus ancienne, est formée d'une étoile centrale, sur laquelle se réunissent une profusion infinie de meneaux, surmontés de trèfles et de quatre-feuilles. Nous n'oserions adopter l'opinion de presque tous ceux qui ont décrit ces baies : ils expliquent le ton des couleurs des vitraux qui les garnissent, comme représentant les quatre éléments. Ils ont vu à l'ouest (la rose de mer) la terre et l'air; au sud, le feu, au nord, l'eau. Celle-ci est la plus riche en tout point.

Orgues.

Le jeu d'orgues qui paraît suspendu au haut de la principale porte, date du XVe siècle. La partie supérieure de la boiserie remonte à la fin du règne de Henri II. Les gros tuyaux ont 8 mètres 12 c. de haut et 48 c. de diamètre; ils furent restaurés en 1851 par M. John Abbey, de Paris.

Tombes des évêques Evrard et Geoffroy II.

Sur les côtés de la porte centrale, on a rapporté les tombes en bronze des évêques fondateurs de la cathédrale, qui se trouvaient anciennement dans la partie de la nef avoisinant le chœur.

La tombe d'Evrard de Fouilloy († 1222) est supportée par des monstres engagés dans la maçonnerie qui remplit le dessous du monument, pour indiquer que cet évêque posa les fondements de la Cathédrale. On lit sur les bords l'inscription suivante en beaux caractères du XIIIe siècle.

2*

Qui populum pavit, qui fundameta locavit
Huis structuræ, cuius fuit urbis data curæ ·
Hic redolens nardus, famâ requiescit EWARDUS,
Vir pius, ahfflictis, vidvis tutela, relictis
Custos, quos poterat recreabat munere, vbis,
Mitib agnus erat, tumidis leo, lima svpbis.

Geoffroy II († 1236) est représenté comme son prédécesseur en habits épiscopaux, mais le dessous du bronze supporté par des chimères est évidé : ce prélat ayant élevé l'édifice jusqu'aux voûtes. Voici la légende qui est gravée sur le pourtour :

Ecce premunt humile GAUFRIDI membra cubile,
Seu minus aut simile nobis parat omnibus ille ;
Quem laurus gemina decoraverat, in medicinâ
Lege qu divina, decuerunt cornua bina ;
Clare vir Augensis, quo sedes Ambianensis
Crevit in immensis; in cœlis auctus, Amen, sis.

Verrières.

Toutes les fenêtres étaient autrefois garnies de vitraux coloriés, fruits de la libéralité des personnages les plus distingués du royaume et de la province. Les chapelles qui rayonnent autour du chœur en conservent encore un bon nombre du XIIIe siècle, d'une grande richesse de couleurs. Elles représentent les histoires de l'Ancien et du Nouveau Testament, la vie des saints auxquels sont dédiés les chapelles dont elles remplissent les baies. La grande fenêtre centrale du rond-point du chœur a été donnée, en 1269, par Bernard d'Abbeville, 50e évêque d'Amiens, et porte cette inscription :

BERNARD' EP ME
DEDIT M CC L XIX.

Saint Louis et Blanche de Castille, sa femme, ont leurs armes sur plusieurs verrières, ainsi que les maisons de Coucy et de Boves. Chaque canton du diocèse avait aussi fourni les siennes.

Chaire.

La chaire, adossée contre l'avant dernier pilier de la nef, est supportée par trois statues en relief, trois quarts : la Foi, l'Espérance et la Charité. C'est l'œuvre d'un sculpteur habile d'Amiens, appelé Dupuis. Un Ange est placé au-dessus; il tient à la main un livre ouvert où sont écrits ces mots : *Hoc fac et vives.* « Faites ceci et vous vivrez. » Elle coûta 36,000 liv. à M. de La Motte, évêque d'Amiens, qui, dit-on, trouvant ce prix exorbitant, conseilla plaisamment à l'artiste de prendre l'inscription pour devise.

Vis-à-vis on voit la copie exécutée par MM. Duthoit frères, d'Amiens, du beau Christ de Girardon qu'on admire dans la magnifique église de Saint-Riquier (Somme).

Bas côtés de la Nef.

Les bas côtés de la Cathédrale d'Amiens ont 19 mètres 49 centimètres de hauteur et 6 mètres

50 centimètres de largeur. Il s'y trouve quelques monuments funèbres et onze chapelles qu'il faut examiner successivement.

Nous faisons remarquer avant tout que les chapelles latérales de la nef n'entrent pas dans le plan primitif de *l'œuvre*. Toutes ont été ajoutées postérieurement. Nous en avons pour preuve matérielle les lignes de profil, encore visibles, des contreforts sur lesquels a été posée la maçonnerie de ces chapelles.

Contre le premier pilier du bas côté droit, se trouve le mausolée en pierre élevé à la mémoire de Pierre Bury, chanoine d'Amiens et l'un des meilleurs poètes de son temps; il fut exécuté au commencement du XVI\ siècle : son style indique qu'il est antérieur à la Renaissance.

Au pilier suivant, est le mausolée d'Antoine Niquet et de Pierre Gouy, son neveu, morts en 1652 et 1694.

Presqu'à l'extrémité du bas côté gauche, contre le pilier de la cinquième chapelle, est le mausolée, en marbre et d'une exécution fort soignée, de Jean de Sachy et de Marie Revelois, son épouse, représentés tous les deux à genoux devant la Vierge. Jean de Sachy, premier échevin d'Amiens, l'offrit au lieu d'un tableau qu'il devait à l'église, en qualité de maître de la confrérie de Notre-Dame-du-Puy, en 1643.

-o-⊰❦⊱-o-

CHAPELLES.

Bas côté droit.

La première chapelle est dédiée à *St. Christophe.* dont la statue en pierre et de grandeur naturelle, placée au-dessus de l'autel, n'est pas sans mérite. Dupuis, artiste d'Amiens, sortit de la routine en représentant l'Enfant Jésus assis sur l'épaule du Saint et non à califourchon (1).

La seconde chapelle dite de l'*Annonciation,* décorée d'un superbe rétable en marbre, de diverses couleurs, représente la Vierge au moment où l'Ange lui annonce qu'elle sera la mère du Sauveur. Antoine Pièce, maître de la confrérie de Notre-Dame-du-Puy, le fit faire par Nicolas Blasset (2), célèbre sculpteur d'Amiens, en 1655. On lit au bas cette devise de sa ballade :

PIÈCE SANS PRIX, VIERGE ET MÈRE SANS TACHE.

La troisième chapelle, dite de l'*Assomption,* possède une belle statue de Blasset, en marbre blanc, offerte à l'eglise d'Amiens, par Michel Martin,

---

(1) On donnait autrefois à St. Christophe des proportions colossales, comme on peut le voir à l'extérieur de cette chapelle, parce qu'on croyait ne devoir éprouver aucun accident le jour où l'on avait vu la figure de ce Saint. On disait :

Christophorum videas, postea tutus eas.

(2) Blasset, sculpteur de premier ordre, en bon Amiénois qu'il est, attend encore sa place dans les *Biographies universelles.*

maître de la confrérie du Puy en 1678. On voit également, au bas de cette statue, la devise de sa ballade :

MICHEL MARTIN A COMPAGNE MARIE.

La quatrième chapelle, sous l'invocation de *St. Étienne*, a pour tableau d'autel une peinture dans le genre de Vouet, qui représente Marie soutenue par deux Anges au moment où son Fils la reçoit dans les cieux. Sur le pavé on voit la pierre sépulcrale de l'évêque Feydeau de Brou, mort en 1706, à peine âgé de 53 ans. Ce prélat, inhumé d'abord dans le sanctuaire, fut transféré dans cette chapelle.

La cinquième chapelle, dédiée à *Ste. Marguerite*, est revêtue entièrement de marbre. Les femmes enceintes de la ville viennent y prier pour obtenir une heureuse délivrance.

Bas côté gauche.

La première chapelle, sous l'invocation du *Sauveur du monde*, fut construite par les soins du cardinal de Lagrange, à la fin du XIVᵉ siècle. La voûte seule est remarquable.

La seconde chapelle, due aux libéralités du même prélat, renferme une vierge magnifique en marbre blanc. C'est encore un présent fait à la cathédrale, en 1632, par Jean Quignon, maître de la confrérie de Notre-Dame-du-Puy. Sa devise, gravée au bas du socle de cette belle statue qu'on attribue à Blasset, est celle-ci :

DESSUS L'ENFER AGRÉABLE VICTOIRE.

Dans la troisième chapelle, dite de *St. Sauve*, on remarque un crucifix en bois, de style bizantin, couvert d'une longue tunique dorée et dont la tête est ornée d'un diadême.

La quatrième chapelle est dédiée à *St. Honoré*, patron des boulangers. Elle n'a de remarquable que la statue de ce saint, par Vimeux, d'Amiens.

La cinquième chapelle, sous le vocable de *Notre-Dame-de-la-Paix*, renferme aussi une superbe statue de la Vierge, exécutée en marbre blanc, par Blasset, recouverte d'une tunique magnifiquement drapée. Donnée, en 1654, par Antoine Mouret, maître de la confrérie du Puy, elle était originairement placée dans la nef. Sur les deux côtés de l'autel sont les médaillons de *St. François-Xavier* et de *St. Louis*, roi de France.

Dans la sixième et dernière chapelle, on voit la statue de *St. Firmin*, patron du diocèse d'Amiens. Cette statue, drapée à l'antique, est de Vimeux. Au-dessus des deux portes latérales, sont deux médaillons représentant *Ste. Claire* tenant un ciboire, et *Ste. Agnès*, un lys. C'était anciennement, dans cette chapelle, qu'on distribuait des couronnes de fleurs aux jeunes gens désignés pour porter la châsse du Saint aux processions de l'Ascension et de la Fête-Dieu.

Croisée.

Cette partie mérite également de fixer l'attention des visiteurs. Elle contient deux chapelles remar-

quables, quelques monuments et des détails cu-
rieux.

A droite, sur le pavé, au pied du dernier pilier
de la nef, on aperçoit à peine la pierre qui couvre la
sépulture d'Hernand Teillo, cet habile colonel espa-
gnol, qui surprit Amiens, en 1597, et qui fut tué
lors du siége par Henri IV.

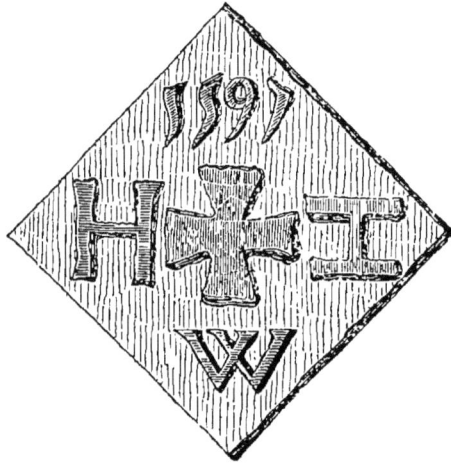

Contre le mur de séparation de la chapelle de
Ste. Marguerite, est une suite de groupes en pierre,
représentant plusieurs traits de la vie de *St. Jacques-
le-Majeur*, puisés dans la Légende dorée de Jacques
de Voragine. Quatre compartiments renferment
toute la suite des faits qui ont rapport à la conver-
sion d'Hermogène et de Philétus ; deux sujets sont
reproduits sous chaque arcade. Sous la première
on voit St. Jacques qui prêche en présence des
Juifs, et Hermogène qui envoie son disciple Philétus
pour convaincre le saint Apôtre de la fausseté de sa

doctrine. Sous la seconde, St. Jacques envoie son manteau à Philétus que son maître a lié par des sortilèges, pour s'être laissé convaincre. Aussitôt que Philétus a touché le manteau, il est délivré du démon. Dans la troisième arcade, les démons enchaînés par l'ordre du Seigneur, viennent pour se plaindre à St. Jacques qu'Hermogène leur avait ordonné de prendre. La quatrième arcade montre Hermogène délivré lui-même par l'Apôtre qui lui donne son bâton, après l'avoir converti. Ces bas-reliefs dûs au chanoine Auxcouteaux qui les fit exécuter en 1511, ont subi d'assez graves mutilations. S'il faut en croire une tradition, on aurait proposé aux meuniers de prendre pour patron celui des saints sur lequel une colombe lâchée dans la Cathédrale irait se poser. La malavisée volatile aurait choisi le diable, *indè iræ*. Nous donnons ce récit pour ce qu'il vaut.

Plus bas, sont des bas-reliefs en marbre blanc, offrant la suite de la vie de la Ste *Vierge*. Dessous, sont gravés, en lettres d'or, sur des tables de marbre noir, restaurées par les soins de M. Ledieu, d'Amiens, les noms des maîtres de la confrérie de Notre-Dame-du-Puy, érigée en la Cathédrale dès l'an 1389.

Chapelle de Notre-Dame-du-Puy.

Le style en est à la fois religieux et artistique; ses colonnes en marbre noir, avec chapiteaux dorés, sa balustrade composée de pilastres en cuivre et ses autres décorations, rappellent le style du temps de Louis XIII. Ces décorations sont dues, en partie, au sculpteur Blasset. Le tableau d'autel représentant l'*Assomption de la Vierge*, fut donné par Antoine Pingré, maître du Puy; il a été exécuté en 1628 par Franken, de l'école flamande. Trois statues attirent les regards : *Judith* tenant la tête d'*Holopherne*, *David* pinçant de la harpe, et la *Vierge* tirant un enfant d'un puits.

Chapelle de St. Sébastien.

Cette chapelle, qui est à gauche, fait pendant à celle de Notre-Dame-du-Puy et a pour tableau d'autel le *Christ en Croix;* qui passe pour avoir été peint en 1638 par Quentin Warin, peintre d'Amiens, et donné par Jean Hémart et François Mouret, tous deux maîtres de la confrérie du Puy, en 1634 et 1635 : elle a été fondée en 1462. On y remarque la statue de *St. Louis*, exécutée en 1832, par MM. Duthoit, sculpteurs d'Amiens, celle de *St. Roch*, et celle de *St. Sébastien* percé de flèches. Au bas de cette dernière, on lit cette inscription : *Triplicem medicum dat gallia pesti.* « La France a trois médecins contre la peste, » *St. Sébastien*, *St. Roch* et *St. Louis*. Cette chapelle a été restaurée en 1832, époque de la première invasion du choléra à Amiens.

A quelques pas de là, sur une face du dernier pilier de la nef, est le tombeau du *cardinal Hémard*, surnommé le *bon Pasteur*. C'est un des plus beaux mausolées que renferme la cathédrale. Le prélat est représenté, dans le haut, à genoux devant le chef de St.-Jean-Baptiste, son patron. La base est ornée des vertus cardinales et d'arabesques d'une assez belle exécution.

Du même côté, au dernier pilier, est un *ex-voto*, en pierre, offert par Claude Pierre, chanoine régulier de St.-Acheul, étant maître de la confrérie du Puy, en l'année 1650.

Contre le mur latéral de ce bas côté existent plusieurs groupes disposés dans le même ordre que ceux dont se compose l'histoire de *St.-Jacques*. Ils représentent les différentes parties du *Temple de Jérusalem* : 1° l'*Atruim*. On apporte des offrandes au Prêtre qui immole une victime ; 2° le *Tabernaculum*; 3° le *Sancta*, le grand-prêtre offrant l'encens; 4° le *Sancta Sanctorum*. Le grand-prêtre devant l'arche. Le couronnement orné de pyramides et d'entre-lacs découpés à jours est du plus bel effet; ils ont été exécutés en 1523.

Au pied du pilier, en face de ce monument, on lit l'épitaphe du poète Gresset, chantre de *Vert-Vert*, dont les restes ont été placés dans cette église en 1811. Contre ce même pilier, M. Ledieu, d'Amiens, fit placer une inscription pour honorer la mémoire de ce poète.

Du même côté est la cuve baptismale de l'ancienne Cathédrale. Cinq pilastres, décorés d'un ornement en mosaïque, supportent cette cuve, dont la longueur est de 2 mètres 44 centimètres et sa hauteur de 43 centimètres.

A gauche de la porte de la croisée on voit l'épitaphe de *M. de Mandolx*, évêque d'Amiens; cette épitaphe est surmontée d'une urne en marbre noir, renfermant le cœur de ce vénérable prélat.

A droite, est le mausolée, d'un assez bel aspect, de *Pierre-Sabatier*, aussi évêque d'Amiens. Il forme une pyramide au milieu de laquelle ce prélat paraît à demi-couché. Au haut, un ange, environné de nuages, embouche la trompette.

Le chef de *St. Jean-Baptiste*, que l'on conserve depuis le XIIIe siècle, est placé un peu en avant de ces deux monuments. Il fut apporté en 1206 à Amiens par Wallon de Sarton, chanoine de Picquigny; cet ecclésiastique, qui avait suivi les croisés en Palestine, trouva cette précieuse relique dans les ruines d'un vieux palais, à Constantinople, le 12 avril 1204. Elle attire le jour de la fête du Saint et dans son octave un nombreux concours de pélerins à Amiens : la ville faisait présent aux rois, princes et princesses qui la visitaient, de médailles sur lesquelles était représentée la tête du saint Précurseur. Du Cange a fait une savante dissertation pour prouver l'authenticité du chef de St. Jean-Baptiste à Amiens.

Bas côtés du Chœur.

Onze chapelles et divers monuments du plus grand intérêt, sont autour du chœur.

La première chapelle du côté droit, dédiée à *St Pierre* et *St Paul,* était autrefois appelée chapelle de l'*Aurore*. L'autel est décoré d'un grand tableau représentant l'*Adoration des Mages*, peint par Parosel. C'est là que se font ordinairement les baptêmes de la paroisse, des fonts baptismaux y étant placés.

Au-dessus de la porte de la cour dite du *Puits de l'œuvre*, on distingue deux grosses têtes en pierre, qu'on prétend être celles de deux jardiniers d'Amiens, qui auraient donné leur champ pour contribuer à la construction de la cathédrale.

Plus loin est un petit monument élevé sur un pilastre de marbre noir, décoré d'une plaque de cuivre au haut de laquelle paraissent la Ste Vierge, l'évêque Jean Avantage et St Jean, son patron. L'inscription placée au bas, fait connaître que ce prélat avait fondé, dans la chapelle voisine, une messe perpétuelle, qui devait y être dite tous les jours, après le son de la cloche, à peine de 16 livres d'amende.

La chapelle de *St Joseph*, qui tient à ce monument, est plus remarquable par sa richesse que par la beauté de son architecture. Son fronton coupé et ses colonnes torses ornées de feuillage en spirale, signalent le mauvais goût et le style bâtard du XVIIIᵉ siècle.

Vient ensuite la chapelle dédiée à *St Eloi*, qui sert de passage au cloître du Machabé, et à la nouvelle sacristie. Sous les arcades trilobées qui garnissent le soubassement du mur dans cette chapelle, comme dans tout le pourtour de l'édifice, furent découvertes et décrites par MM. les chanoines Jourdain et Duval, les peintures murales qu'une nouvelle disposition vient de mettre à jour. Elles représentent huit sybilles savoir : Agrippa, Libica, Europea, Persica, Frigia, Erythrea, Cumana, Tiburtina. Le texte latin de leur prédiction est peint sur un lambel qu'elles ont à la main ou qui contourne leur tête. Sous les pieds de chacune, un cartouche donne la traduction en rimes de ces prophéties. Ces tableaux furent peints aux frais de l'illustre chanoine Adrien de Hénencourt, qui est représenté, sous les arcades opposées aux Sybilles, à genoux sur un prie-dieu ; à côté, il s'avance à l'autel le calice en main, précédé de clercs. Les arcades voisines offrent la peinture du mobilier de la chapelle, etc., avec l'aumusse aux armes du noble chanoine (1).

Les cinq chapelles qui suivent sont très remarquables par les ornements des croisées consistant en vitraux peints sur lesquels sont retracées plusieurs légendes, relatives à la vie des Saints qu'on y révère.

Dans la chapelle de *St.-François d'Assise* on remarque une assez bonne copie du *Christ-aux-Anges* de Lebrun. C'est aux murs de refend de cette chapelle qu'existent plusieurs colonnes isolées appelées *piliers sonnants ;* ils ont une réputation un peu usur-

---

(1) *Voir* Les Sybilles, peintures murales de la cathédrale d'Amiens, découvertes et expliquées par MM. Jourdain et Duval. Amiens, chez Duval et Herment, imprimeurs, place Périgord, 1.

pée, car le son qu'ils rendent ne ressemble guère à celui d'une cloche, et d'ailleurs, plusieurs autres piliers autour du chœur rendent des sons pareils.

On dit que les carreaux du pavé qui se trouve vis-à-vis, sont coupés de deux lignes transversales pour perpétuer le souvenir du massacre des catholiques, en cet endroit, par les protestants, en 1561.

La chapelle de *la Vierge* ou *Petite-Paroisse*, occupe le chevet ou rond-point de l'église; elle est vaste et ornée d'un groupe, en marbre blanc, représentant l'*Assomption de la Ste. Vierge*. On doit cette œuvre, de style peu chrétien, à un maître de la confrérie du Puy, nommé François Dufresne. Il en fit don, en 1637, à la cathédrale, où il était d'abord placé dans la nef. Les statues de St.-Firmin et de St-Matthieu, sont dues à un artiste d'Amiens, Morgan, élève du baron de Pfaffenhoffen (1).

A gauche et près de l'autel est la sépulture enclavée dans la muraille de Simon de Goucamps, 53e évêque d'Amiens, décédé en 1325. Un peu plus bas, on voit la statue couchée de Thomas de Savoie. Cette chapelle renferme aussi deux tableaux assez estimés peints en 1778, par Fortis. Le premier a pour sujet la mort de *St. François-Xavier*, et le second le *retour de l'Enfant prodigue*.

Vis-à-vis cette chapelle est le tombeau, en marbre

---

(1) Au moment où nous mettons sous-presse, cette décoration est abattue.

blanc, du chanoine Guillain Lucas, fondateur de l'*école des orphelins* ou *enfants bleus* de cette ville. Parmi les statues qui décorent ce riche mausolée, on remarque un génie funèbre qui, sous le nom de *Petit-pleureur*, jouit d'une grande célébrité en France. Ce chef-d'œuvre est dû au ciseau du sculpteur Blasset.

Sous une arcade pratiquée dans le bas du monument, on aperçoit la statue, aussi en marbre blanc, du cardinal de Lagrange, évêque d'Amiens et surintendant des finances sous Charles V. Il mourut, en 1402, à Avignon, où il s'était retiré à l'avènement de Charles VI au trône.

La chapelle de *St. Augustin* et celle dédiée à *St. Jean-Baptiste*, qui la suit, n'offrent rien de remarquable. Sous le lambris de cette dernière chapelle se trouve le tombeau, en marbre, de Jean Rolland, 56e évêque d'Amiens, qui maria, dans le chœur de cette église, en 1385, le roi Charles VI avec Isabeau de Bavière.

Dans la chapelle de *St. Quentin*, on remarquait un assez beau bas-relief en bois, représentant le martyre de l'apôtre du Vermandois; ce bas-relief est de Carpentier fils, sculpteur, natif du village d'Hangest-sur Somme.

En avançant un peu à droite, la vue se porte sur la chapelle de *Notre-Dame-des-sept-Douleurs*, qui fait pendant à celle de *St.-Joseph*, et présente le même système de décoration.

Au pilier voisin de la sacristie, est adossé le mau-

solée, en pierre, du chanoine Antoine de Baillon.
Les proportions de l'*Ecce Homo* qu'on y voit sont
très belles. Cette statue est attribuée au sculpteur
Blasset.

A quelques pas de là, on remarque à droite de la
petite porte conduisant à l'évêché et sous une arcade gothique, autrefois décorée de brillantes couleurs, la statue couchée de Gérard de Conchy
(† 1237), 48ᵉ évêque d'Amiens, qui, comme tant
d'autres prélats du XIIIᵉ siècle, accompagna St.
Louis en Palestine, où il se signala par quelques
exploits guerriers.

Toutes les chapelles sont fermées par des grilles
forgées en fer, de la plus grande richesse. Les im-
postes sont décorés de fleurs, de grappes de raisin,
d'attributs religieux et même de portraits. Celles
qui entourent le chœur furent exécutées en 1764 par
Vivarais, de Daours, sur les dessins de Michel-Ange
Slotdz. Elles sont toutes remarquables par la regu-
larité et la légèreté de leur ensemble. La plus élégante, sans contredit, est celle qui ferme la grande
porte du chœur.

Dans chacune des chapelles latérales de la nef,
on a placé en 1842, les 14 tableaux du *Chemin de
la croix*. Quelques-uns sont des copies des maîtres
de la peinture. Nous signalerons la 1ʳᵉ station,
d'après Le Poussin, la 4ᵉ, d'après Lebrun, la 6ᵉ et
la 13ᵉ, d'après Lesueur, la 9ᵉ d'après une copie
de Raphaël, par Jules Romain, la 12ᵉ, d'après Van-
Dick, et la 14ᵉ, d'après Le Titien.

Clôtures du Chœur.

La partie méridionale du chœur est fermée par une muraille dans l'épaisseur de laquelle est sculptée l'histoire de St Firmin , martyr , Ier évêque d'Amiens. La première travée présente : 1° la statue du donateur , le chanoine Adrien de Hénencourt ; 2° l'entrée de St. Firmin à Amiens. Le saint, revêtu de ses habits épiscopaux, bénit le sénateur Faustinien avec sa fille, à la tête des habitants de la ville. La peinture du fond représente la ville d'Amiens, au bas on lit ces mots, gravés en creux en caractères gothiques :

Le disième de octobre Amiens·   Saint Fremin fit première entrée·
Dont Faustinien et les siens·   Ont grande joye demoustrée·

3° La prédication de St. Firmin.

Au pocuple d'Amiens anucha·   La sainte loy euvangelique.
Tant que plusieurs deulx adrescha·   A tenir la foy catholique.

4° Le baptême de la fille de Faustinien.—La fille de Faustinien est plongée jusqu'aux reins dans la cuve baptismale, St. Firmin verse l'eau sur Attile.
Au fond l'intérieur de la ville.

Faustinien. la noble Attile·   Fcme Agrippin. famille enfans
Baptisa avec trois fois mille.   Pour ung jour la foy cofessas.

5° Jugement et martyre de St. Firmin. — Longulus et Sébastien condamnent le saint Apôtre, dénoncé par les prêtres payens, debout au pied du tribunal. A gauche, le peuple dans la douleur, sur le devant St. Firmin , entre les mains de ses bourreaux, dont les uns le saisissent et d'autres le précèdent avec des torches et des armes.

En dehors du cadre, St. Firmin est décapité.

Dans le fond, la façade de la cathédrale et deux églises.

Longulus et Sébastien·	*Des ydolâtres à l'instance*
Le sainct martyr par faulz moyen·	*Emprisoncrel et puis sãs ce·*
Que le pœuple en cut conguaissace	*Secrètement contre raison·*
Firel de nuit soubz leur puissance	*Trcchier sõ chicf en la prison·*

Les blasons de Mailly-Conti et de Adrien de Hénencourt sont reproduits çà et là au-dessus des différents sujets.

SECONDE TRAVÉE.

1° St. Salve, en chaire, exhorte les fidèles à faire des prières pour obtenir la découverte des restes de St. Firmin.

Sainct Saulve son pcuple incitoit·	*De faire à Dieu prièrc pure·*
Désirant scavoir ou estoit·	*De sainct Fremin la sépulturc·*

2° St. Salve, à genoux à l'autel, contemple les rayons lumineux sortant d'un nuage et indiquant le lieu de la sépulture.

Sainct Saulve en eslevans les yeux·	*Apperccut du trone divin·*
Cõme ung rais du soleil dessus	*Le corps du martyr sainct Frcmin.*

3° Invention des reliques de St. Firmin. — St. Salve, accompagné de quatre autres évêques fait exhumer par un prêtre le corps de St. Firmin qui paraît hors de terre à mi-corps.

Quatre évesques - Beauvais - Noyon· Cambray - Therouenne aidant Dieu
Vindrent voir ceste invetion· Evocquez par lodeur du lieu·

4° Translation de St. Firmin. — Six personnages revêtus d'habits sacrés portent la chasse sur leurs épaules, précédés de porteurs de flambeaux avec des écus. La procession est fermée par les cinq évêques. Deux malades sont guéris. Au cœur de l'hiver, les arbres sont couverts de fleurs.

A sainct Achoeul en chasse mys· Fut puys en Amyens apporte·
Plusieurs malades la transmys· Le depriant current sancte·

Le soubassement de la première partie des bas-reliefs de St. Firmin est rempli par la tombe de l'évêque Ferry de Beauvoir, inhumé en 1489. Le fond de la niche est décoré de la peinture à fresque des douze Apôtres avec leurs insignes distinctifs. Ils portent des lambels où est écrit celui des douze articles du symbole dont on leur attribue la composition. Deux moines en prières sont à chaque bout de la tombe. Au-dessous de la niche, deux chanoines en soutane rouge, surplis et chape, soutiennent le drap mortuaire. — Le tombeau de Adrien de Hénencourt et treize médaillons qui représentent la vie de St. Firmin, remplissent le dessous des miracles des reliques. 1° Baptême de St. Firmin; 2° son éducation; 3° baptême du père de St. Firmin; 4° prédication du saint; 5° son sacre; 6° St. Fir-

min en Auvergne ; 7° St. Firmin à Angers ; 8° il
construit une église ; 9° ses miracles ; 10° guérison
du lépreux ; 11° guérison d'un aveugle ; 12° autre
miracle ; 13° un exorcisme.

A la clôture septentrionale, nous voyons toute la
légende de St. Jean-Baptiste, le second patron du
diocèse d'Amiens, dont on possède le chef en la Cathédrale. L'œuvre a deux parties : au-dessous la vie
du précurseur est sculptée en médaillons et au-dessus en haut-relief. Les médaillons du bas de la première travée du côté de la nef, montrent : 1° la Vision de Zacharie ; 2° Zacharie sortant du Temple ;
3° Rencontre de Zacharie et d'Elisabeth ; 4° la Visitation de la Sainte Vierge; 5° Marie chez Elisabeth;
6° Naissance du saint Précurseur, 7° sa circonci-
sion ; 8° il est présenté à sa mère; 9° Zacharie le
nomme ; 10° saint Jean dans le désert.

Au-dessus, dans les grandes Arcades : 1° St.
Jean prêche, dans le désert, la foule attentive.

Saint Jhan preschoit au desert par constance
Adfin que on feict les pechetz penitance·   1531.

2° Baptême de J.-C. par St. Jean. Jésus-Christ
dans le Jourdain, des anges qui tiennent la tunique
du Sauveur. Dans le haut le Père éternel, et le
St Esprit sous la forme d'une colombe.

Jhesus entra au floeuve de Jordain·
Ou baptesme eubt de sainct Jhan por certain.

3° St. Jean révélant sa mission. — Les Pharisiens viennent trouver St. Jean et lui demandent qui il est :

Interrogue sainct Jhan quy il estoit·
Dict estre voix quy au desert preschoit·

4° St. Jean montrant J.-C. : Voici, dit le Précurseur, l'Agneau de Dieu, voici celui qui efface les péchés du monde.

Sainct Jhan voyant Jhesus vers luy marcher·
Vecy le agneau de Dieu (dict-il) très cher·

Seconde travée. Soubassement. 1er médaillon. Sépulture de St. Jean ; quatre personnages. Les uns avec des pelles et des pioches enterrent le saint ; les autres sont dans la douleur.

2e médaillon. Concours et miracles au tombeau.

3e médaillon. Les os du saint sont brûlés.

4e médaillon. Les cendres jetées au vent.

5e médaillon. Réception du chef de St. Jean. Wallon de Sarton présente le saint chef à Richard de Gerboroy, 44e évêque d'Amiens.

HAUT-RELIEFS DES GRANDES ARCADES.

1° Deux sujets. St. Jean devant Hérode. — Son emprisonnement.

Pour arguer Herode de adultere·
Sainct Jhan fut mis en prison fort austère·

2° Danse de la fille d'Hérodiade devant Hérode et sa concubine.

De Herodias la fille demanda·
Le chef de sainct Jhan, Hérode le accorda·

3° Decollation de saint Jean.

En prison fut sainct Jhan décapité·
Pour avoir dict et presche vérité·

4° Le chef de St. Jean aux mains d'Hérodiade.

Herodiade perce d'un stylet la tête du martyr. Sur le devant, Salomé en défaillance. Un valet avec un plat.

Le chef sainct Jhan fut à table pose,
Puis d'un cousteau dessus l'œul incise·

La dernière chapelle, du pourtour du chœur, est sous l'invocation de *St. Jean-Baptiste.* Elle fut fondée à la suite d'un vœu fait par le corps-de-ville d'Amiens, le clergé et le peuple, en 1668, pour la cessation d'une maladie pestilentielle qui causa d'affreux ravages dans notre cité. La décoration est moderne. On estime beaucoup le grand bas-relief, en bois, servant de tableau d'autel ; il fut sculpté par Carpentier, en 1780. Les statues de St. Firmin et de St. François-de-Sales, sont de Poultier.

Avant de quitter cette chapelle, il faut examiner le tombeau érigé à la mémoire de *François Faure,* 77° évêque d'Amiens. Le prélat est représenté, sur ce tombeau, à demi couché, ayant un ange à ses pieds. Il était aumônier de la reine Anne d'Autriche, mère de Louis XIV, et l'un des plus habiles prédicateurs de son temps.

Chœur.

Un double perron, de six marches, conduit au chœur. Ce qui frappe surtout les regards , c'est la magnifique boiserie des stalles qui règnent à droite et à gauche. Cette boiserie surpasse par l'élégance et par la richesse de ses détails , tout ce que les meilleurs ouvrages en ce genre offrent de plus beau. QUATRE CENTS sujets sont sculptés sur ces cent-dix stalles. Ils sont empruntés à l'histoire de l'Ancien et du Nouveau Testament. C'est le Pentateuque et l'histoire de la Sainte Vierge en bas-reliefs d'une finesse inappréciable de détail. On y a aussi représenté différents sujets historiques, allégoriques, moraux, quelquefois tout-à-fait profanes. Tout a été expliqué avec le plus rare bonheur par MM. Jourdain et Duval, chanoines d'Amiens, au livre duquel nous ne pouvons que renvoyer le visiteur. (1) Ce chef-d'œuvre de menuiserie fut commencé en 1508 et fini en 1522. Exécuté aux frais du chapitre et d'Adrien de Hénencourt, par Alexandre Huet, Arnoult Boulin, Jean Trupin et Antoine Avernier, il coûta en tout 9,488 livres 11 sous 3 deniers. Le principal ouvrier, Jean Trupin, gagnait par jour 7 sous, y compris son apprenti (2).

(1) *Les Stalles de la Cathédrale d'Amiens*, par MM. Jourdain et Duval. Chez Duval et Herment, imprimeurs , place Périgord, 1, à Amiens.

(2) Guilbert, *Description de la Cathédrale d'Amiens*, p. 292.

Au milieu du chœur, on lit les épitaphes de MM. de La Motte, de Bombelles et de Chabons, évêques d'Amiens.

Le sanctuaire est séparé de la nef par une balustrade, en marbre blanc, à hauteur d'appui. Deux grands candelabres, en bois doré, sont placés sur cette balustrade et servent à sa décoration. Les jambages des arcades du rond-point sont revêtus d'un riche lambris de marbre. Les bustes en médaillons des quatre Evangélistes avec leurs symboles, ornent les premiers piliers du sanctuaire. Contre ces mêmes piliers et les suivants, sont des Anges portant des torchères.

L'autel, construit à la romaine, est isolé. Sa principale décoration consiste en un bas-relief représentant *Jésus-Christ au jardin des Olives*. La table est surmontée d'un gradin garni de plusieurs chandeliers en bronze doré.

Derrière cet autel on voit une gloire exécutée en 1768, par M. Christophe, architecte ; elle est formée de rayons et de nuages, parmi lesquels paraissent des Anges et des Chérubins. Ce qui la rend extrêmement précieuse, c'est qu'elle rappelle le seul reste du Rit Gallican à Amiens, dans la suspension de la Ste. Hostie, vers laquellle toutes les figures convergent.

ÉVÉNEMENTS REMARQUABLES

QUI SE SONT PASSÉS DANS LA CATHÉDRALE.

1264. — Louis IX, choisi pour arbitre par le roi d'Angleterre Henri III et ses barons, y prononce une sentence en faveur du monarque anglais.

1269. — Traité conclu entre St. Louis et le même Henri III, par lequel le roi de France cède l'Agenois au prince anglais.

1279. — Philippe-le-Hardi, roi de France, et Edouard, roi d'Angleterre, ont une entrevue, dans la Cathédrale, pour régler un différend survenu entr'eux.

1329. — Edouard III, roi d'Angleterre, y fait hommage à Philippe de Valois, roi de France, du duché de Guienne.

1385. — Charles VI épouse, dans cette église, Isabeau de Bavière, qui causa tant de maux à la France.

1517. — François Ier et Madame d'Angoulême, sa mère, la visitent à plusieurs reprises. Les tableaux de la confrérie du Puy, fixent surtout l'attention de la mère du roi.

1550. — Henri II et Edouard VI, roi d'Angleterre, signent la paix sous deux riches pavillons dressés dans le chœur.

1594. — Le duc d'Aumale se barricade avec les ligueurs, sur le parvis, pour résister aux attaques des partisans de Henri IV, qui voulaient l'expulser de la ville.

1597. — Aussitôt après la reprise d'Amiens, Henri IV vient se prosterner, dans ce temple, pour rendre grâce à Dieu du succès de ses armes.

1619. — Louis XIII fait son entrée dans la Cathédrale ; le chapitre lui présente un gâteau, vingt-quatre pains et douze bouteilles de vin.

1656. — Louis XIV et la reine, sa mère, y font leur prière. Le monarque visite ensuite le haut de cet édifice et y fait graver son nom, que l'on voit encore sur les plombs.

1794. — La Cathédrale est métamorphosée en *Temple de la Raison*.

1803. — Le premier consul, Napoléon Bonaparte, la visite, suivi d'un nombreux état-major.

1814. — A son arrivée à Amiens, Louis XVIII se rend à la Cathédrale, où il est salué, pour la première fois, du nom de Louis-le-Désiré.

1828. — Charles X visite cet édifice.

1853. — Ouverture du 1er concile d'Amiens, le 10 janvier.

1853. — 29 septembre. — Napoléon III et l'Impératrice Eugénie visitent la Cathédrale, et font un don de 30,000 fr. pour la construction de la chapelle destinée à recevoir les reliques de Ste Theudosie.

1853. — 12 octobre. — Translation des reliques de Ste Theudosie.

Amiens, imp. de Lenoel-Herouart, rue des Rabuissons, 10.

66

www.ingramcontent.com/pod-product-compliance
Lightning Source LLC
LaVergne TN
LVHW022030080426
835513LV00009B/963